Bid Bang!

Marc Anstett

BID BANG!

théâtre & arts plastiques

BOD

© 2013, Marc Anstett
Editions Books on Demand GmbH
12/14 rond-point des Champs Élysées,
75008 Paris, France

BID BANG !
a été créé en février 2000
Salle des Beaux-Arts
Société Industrielle de Mulhouse

Coproduction
La Cie des Autres
théâtre-danse-musique-arts plastiques

La Ville de Mulhouse, L'Agence Culturelle
d'Alsace, Le Conseil Régional d'Alsace
Le Conseil Général du Haut-Rhin,
La Société Rector-Lesage, l'Atelier 76

Direction artistique, écriture
Marc Anstett

Sculptures, installations
Vincente Blanchard
Yves Carrey

Distribution
UN : Bruno Journée
DEUX : Marc Anstett
avec la participation de Gilda Corigliano

Cette création est le volet 1 du projet
THÉÂTRE & ARTS PLASTIQUES
« *Regards croisés sur le monde contemporain* »
Le volet 2 « le don de l'invisible »
a été créé en juin 2000 à la Filature
Scène nationale de Mulhouse

Bienvenue dans la société du spectacle !
Car la traque de l'image y devient un art...

Décor : Une installation de sculptures, qui servira d'espace de jeu entouré du public.

Une quarantaine d'œuvres totémiques, à base de béton et de fer, matériaux du bâtiment. Sortes d'immenses fossiles d'une civilisation contemporaine, peints, patinés, certains recouverts en partie par des fragments de textes, de collages, avec des incrustations d'images, des peintures et des graffitis. Le public commence par visiter l'exposition.

Un homme en costume sombre, très contemporain, petite mallette métallique à la main, lunettes noires, se mêle discrètement aux visiteurs. Il finit par s'asseoir sur une installation métallique. Calme et impassible, il observe une petite bouteille d'eau qu'il a posée à côté de lui, et contemple le paysage. (Nous l'appellerons DEUX). Le public a regagné les chaises qui font cercle tout autour de l'espace.

Ça bouge à l'intérieur d'une sculpture creuse, un peu plus loin. Un bras apparaît, puis une tête, puis le haut du corps. C'est un autre homme, il est en caleçon long et en marcel... (Nous l'appellerons UN)

La lumière change...

UN. *(essoufflé, excité, essayant de se dégager)* Ah mais ça ! Mais... mais ça ! Mais ça ! Et merde ! Je suis coincé !

DEUX. *(sans regarder UN)* Ce n'est pas la peine de vous énerver mon vieux. Plus on s'énerve et plus on prend les choses de travers.

UN. *(exténué, les nerfs à vif)* Ça fait des heures que je cherche la sortie !

DEUX. Vous êtes nombreux là-dessous ?

UN. Je ne sais pas. Il me semble avoir entendu plusieurs personnes... dans le noir. Elles ont dû prendre une autre direction...

DEUX. Eh bien maintenant que vous êtes là, essayez plutôt de vous calmer.

UN. Vous pourriez peut-être m'expliquer ce qui s'est passé ? Je n'ai pas eu le temps de comprendre !

DEUX. Qu'est-ce que vous voulez que je vous dise. Il n'y a plus rien à dire... Plus rien à expliquer... Trop tard... Ils l'ont fait... voilà tout.

UN. Il y avait un immeuble ici, hein ? Il avait quand même un immeuble ici !

DEUX. Eh bien voilà, il n'y a plus rien... On en parle plus... Boum ! Envolé ! Disparu... Comme ça, clac !

UN. Et merde !

DEUX. Comment ?

UN. Je veux dire... On ne peut vraiment plus faire confiance à personne... C'est dur !

DEUX. Parce que vous leur faisiez confiance, vous ? Intéressant. Ça faisait longtemps que je n'avais pas entendu de telles conneries. Tiens, depuis que je suis là : 93 au compteur. *(montrant la bouteille)* Exactement 93.

UN. 93 ? Et merde...

DEUX. Comment ?

UN. Je veux dire... ça fait un bout de temps alors !

DEUX. Ça dépend.... De toute façon, vous ne pouvez plus aller nulle part. C'est toute la région qui a été rasée. Alors 93, ou 94, ça n'a vraiment pas d'importance pour vous. Et puis, je ne compte plus en jours, moi. J'ai ma clepsydre.

UN. Votre quoi ?

DEUX. Ma clepsydre. *(petit silence)* C'est une sorte d'horloge, qui fonctionne avec du liquide. De l'eau par exemple. Personnellement, le vin m'aurait mieux convenu. Mais bon...

UN. Et dire que je dormais en leur faisant confiance... J'étais même en train de rêver... Alors il n'y avait aucune raison pour que je m'inquiète du lendemain, vous comprenez... et encore moins pour que je trouve l'utilité d'une... clepsydre. Surtout à une époque où tout est électronique et informatisé, y compris les réveille-matin !

DEUX. Eh bien, dorénavant il faudra compter avec ma clepsydre *(fixant la bouteille)*.

UN. Et où avez-vous trouvé de l'eau par ici ? Parce que moi, ça fait un moment que je cherche...

DEUX. Il n'y en a pas. Pas plus qu'ailleurs sans doute. Mais heureusement, j'avais cette bouteille sur moi en arrivant. Comme un flacon de survie. Et comme je n'ai aucune idée du temps que je vais passer au milieu de ce *décor*, vous imaginez bien que je n'allais pas me précipiter pour la boire. J'ai immédiatement pensé, oui, j'ai eu cette pensée immédiate et effrayante, qu'il faudrait peut-être se rationner. Eh bien, vous allez trouver ça drôle, mais j'ai déjà eu soif 93 fois. Et jamais je n'ai pris une seule goutte. Oui... 93 au compteur.

UN. Alors à quoi ça sert ?

DEUX. Au cas où. Je me suis dit qu'il arriverait peut-être un moment où je ne pourrai plus résister, où je serai à bout, désespéré, anéanti et recroquevillé sur moi-même... Véritable loque humaine en transit vers le néant... seule et abandonnée sur cette terre aride... J'ai déjà connu ça. Vous remarquerez que cette fois-ci, j'aurai de quoi subsister dans de meilleures conditions.

UN. Et merde...

DEUX. Comment ?

UN. Je veux dire... vous n'imaginez tout de même pas que nous allons finir comme ça quand même... *Véritables loques humaines en transit vers le néant... seules et abandonnées sur cette terre aride !*

DEUX. Alors vous pourriez peut-être me dire comment vous imaginez l'avenir ?

UN. Eh bien, je suppose que les secours vont arriver... Et pour nous ce sera la fin de cette histoire. Voilà comment j'imagine l'avenir, moi !

DEUX. Oui... On voit bien que vous êtes nouveau par ici. Vous devriez d'abord essayer de prendre la température ambiante, d'admirer le paysage, enfin pour ce qu'il en est. Après quoi nous pourrions évaluer nos chances de progresser. Qui sait, peut-être aurions-nous quelque chose à faire ensemble... Peut-être aurions-nous même quelque chose à nous dire ?

UN. Vous ne voyez pas que je suis coincé ! Alors, aidez-moi à sortir de là, au lieu de philosopher sur les relations humaines !

DEUX. Vous apprendrez mon cher que la philosophie comprend l'étude rationnelle de la nature... et la théorie de l'action humaine... Rien d'autre que l'application de la raison aux différents objets sur lesquels elle peut s'exercer... En conséquence de quoi j'estime qu'il vous faudra supporter ce revers de fortune que vous êtes en train de vivre, avec une certaine philosophie voyez-vous...

À cet instant précis, une sculpture bouge à côté de UN, une main en sort, puis le bras.

UN. *(surpris)* Et merde !

DEUX. *(regardant ailleurs)* Vous devriez essayer d'étendre un peu votre vocabulaire...

UN. Merde ! *(il s'interrompt subitement)* Regardez ! Ça bouge!

DEUX. *(sans prêter attention à ce qui se passe)* Ce doit être les soi-disant secours dont vous parliez tout à l'heure...

UN. Vous trouvez ça drôle ?

DEUX. Oui, oh... détendez-vous mon vieux. Dans ce genre de situation et de décor, il faut s'attendre à tout. Sinon nous risquerions de sombrer bêtement dans la déprime... *(apercevant enfin la main)* Et puis... à mon avis... il y en a certainement encore d'autres qui vont arriver après vous... Et malheureusement, nous ne savons pas sur qui nous allons tomber... Enfin...

UN. *(observant la main, intrigué)*. D'autres loques humaines en transit vers le néant ?

DEUX. *(fixant la main, perplexe)* Ça se pourrait bien...

UN. *(subitement)* Vous avez vu ?

DEUX. Quoi donc ?

UN. C'est une femme... c'est une main de femme...

DEUX. Vous êtes sûr ?

UN. *(observant la main)* Absolument !

DEUX. Eh bien ma foi, c'est plutôt une bonne nouvelle.

UN. Et pourquoi donc s'il vous plaît ?

DEUX. *(se détournant)* Décidément, je ne pense pas que nous ayons grand-chose à nous dire...

UN. *(observant la main)* Et merde...!

DEUX. C'est bien ce que je disais. Mais si vous aviez un peu plus de jugeote, un peu plus de philosophie devrais-je dire, vous comprendriez le sens profond de mes propos...

UN. *(observant toujours la main qui ondule)* Mais... qu'est-ce... mais ça... mais...

DEUX. *(sans prêter attention à ce qui se passe)* Car enfin, la position dans laquelle vous vous trouvez actuellement résulte bien d'un système purement masculin, vous en conviendrez...

UN. *(intrigué les mouvements de la main*

qui ondule) On dirait que...

DEUX. *(toujours sans prêter attention à ce qui se passe)* Et si voulez avoir quelque chance de retrouver votre dignité, vous devriez peut-être laisser cette femme prendre votre situation en main... Et ceci dit sans mauvais jeu de mots...

UN. *(fixant toujours la main)* Mais taisez-vous! Taisez-vous ! Regardez ! On dirait qu'elle cherche à nous dire quelque chose... *(DEUX tourne enfin la tête)* Qu'est-ce que... je n'arrive pas à comprendre... *(la main s'agite)* Mais... mais... *(la main et le bras s'agitent de plus en plus)* Regardez ! *(le bras et la main disparaissent d'un coup comme happés)* Elle a disparu!

DEUX. *(s'approche pour voir de plus près)* Dommage...

UN. Excusez-moi, mais je...

DEUX. *(mélancolique)* Dommage... J'aurais tellement voulu dire : « *Clarisse! Clarisse, enfin vous voilà...* »

UN. Hein ? Comment ?

DEUX. *(avec pathos)* « *Cher Monsieur, per-*

mettez... voici Clarisse... » et tout ce genre de choses vous savez... Malheureusement, c'est impossible.

UN. *(déboussolé)* Mais... mais...

DEUX. Comme la vie est cruelle ! Parsemée d'apparitions, de disparitions, de rêves escamotés, de désirs inassouvis... Que de déceptions, que de déceptions...

DEUX se penche sur la sculpture et se met à parler à la femme invisible à l'intérieur, sur un ton très ému, onirique.

DEUX. Eh oui Clarisse ! Le monde a changé ! C'est le moins que l'on puisse dire !

UN. Non, mais attendez, là... eh ! oh !... Mais qu'est-ce que vous faites ?

DEUX. *(poursuivant, à la femme)* Et même si présentement ce n'est pas à votre avantage, et que j'aurais bien entendu moi aussi préféré vous rencontrer dans d'autres circonstances, plus agréables peut-être, nous n'en restons pas moins conscients vous et moi que les rapports humains si souvent bafoués hier, auraient pu trouver aujourd'hui et en ce lieu, un sens nouveau... *(il reste pensif et se signe).* « Ite missa est »

Petit silence

UN. Vous êtes toujours comme ça ou c'est à cause de la déflagration ?

DEUX. *(avec gravité)* Vous avez tort de vous moquer, je vous assure. Cette situation est réellement dramatique, et vous n'êtes pas en position pour l'appréhender comme vous le faites. Vous et moi sommes différents, c'est certain. Jusqu'à présent, les différences entre les hommes n'ont engendré que des peurs et des conflits, prolongées par des haines intolérables... alors qu'elles auraient dû être source de richesse et d'échanges...

UN. Oui, ça je ne dis pas, on peut toujours rêver...

DEUX. (*continuant sur sa lancée*) Et subitement, vous me ramenez à cette douloureuse réalité, cet état de fait attristant, sans vous soucier le moins du monde de l'effondrement que vous provoquez en moi, à l'instant précis où tous mes espoirs étaient en effervescence...

UN. *(ironique)* Excusez-moi ! Je ne savais pas que vous étiez si sensible...

DEUX. Comment avez-vous pu douter un seul instant de mon aptitude à être sensible ?

UN. Vous avez l'air si sûr de vous. Imperturbable !

DEUX. Vous devriez retourner dans votre trou. Croyez-moi, c'est ce que vous auriez de mieux à faire par les temps qui courent. Réfléchir un peu à tout ça. Vous pourriez toujours revenir plus tard. Pour la suite des événements...

DEUX retourne sur son monticule.

UN. Comment voulez-vous que je fasse... je suis bloqué ! J'ai les deux pieds qui sont coincés entre deux étages !

DEUX. Ce doit être douloureux...

DEUX met en évidence une petite mallette métallique à côté de lui

UN. Non, je ne sens rien, mais... c'est comme une sorte d'énorme boulet qu'on m'aurait attaché aux pieds ! Si vous voyez ce que je veux dire !

DEUX. *(il ouvre la mallette avec précision)* Je suis heureux de constater que vous avez enfin réussi à étendre un peu votre vocabulaire. Car, à mon humble avis, dans l'avenir incertain qui vous est tracé, seule une parole sensée pourrait redonner un sens positif à votre vie.

UN. Eh bien voilà... je vous retrouve ! Toujours prêt à philosopher, à énoncer de belles théories sur l'existence ! Mais en attendant, moi je suis coincé dans mon trou et vous ne daignez même pas lever le petit doigt pour me secourir... Drôle de philosophie !

DEUX sort de la mallette des petites pièces détachées, qu'il pose une à une devant lui.

DEUX. C'est la première chose pertinente que vous dites depuis votre arrivée. Dois-je comprendre que nous allons nous entraider tous les deux ? À moins que vos intérêts ne dépassent pas le bout de votre nez...

UN. Qu'est-ce que vous voulez insinuer là ?

DEUX. *(il aligne les pièces, les compare, les organise)* Eh bien ma foi, lorsque vous serez dégagé de cet énorme et disgracieux boulet, n'allez-vous pas tout bêtement de me faire un joli pied de nez et tenter de vous envoler vers des cieux plus sereins, en me laissant seul au milieu de tout ce paysage ?

UN. Vous le dites vous-même... Il n'y a nulle part d'autre où aller !

DEUX. Oui... D'accord.... Mais qui sait ? Dans l'idée... Ne croit-on pas toujours trouver mieux ailleurs ?

UN. Bon. Écoutez. Je crois qu'il est temps de redescendre de votre petit nuage, hein, parce que moi je n'ai pas envie de moisir au milieu de ce bric-à-brac, vous comprenez ? Et merde !

Tout en parlant, DEUX commence à assembler les pièces avec lenteur et circonspection

DEUX. Moi aussi, je vous retrouve bien là. Toujours prêt à restreindre votre vocabulaire au niveau le plus médiocre afin d'éviter d'approfondir votre pensée. Certainement par crainte d'y trouver des émotions ou des sentiments propres à vous faire basculer dans le doute et l'angoisse...

UN. Mais qu'est-ce que ! Mais qu'est-ce que ! Bon, d'accord. D'accord. Je me suis emballé.

DEUX. *(continuant son petit montage)* Ah, vous voyez, vous l'admettez vous-même. Mais c'est avant que vous auriez dû le faire.

UN. Quoi, avant ?

DEUX. Avant que tout cela ne vous tombe sur la tête, avec femmes et enfants très certainement, emportant avec lui le reste de la civilisation avoisinante.

UN. Là, je ne vous suis pas...

DEUX. Si vous vous étiez emballé un peu, peut-être auriez-vous pu éviter ça, qui sait ? Avec de tels éclats de voix, une telle force dans les mots, votre action aurait pu porter des fruits...

UN. Oh, écoutez, moi je n'ai rien d'un révolutionnaire !

DEUX. Oui, bien sûr.... Il est vrai qu'au moment de ce grand boum, vous dormiez. En leur faisant confiance...

UN. Et alors ? On était des tas à dormir !

DEUX. Justement. C'est bien de ça que je parle.

UN. Et vous, hein ? Qu'est-ce que vous avez fait, vous, pour éviter tout ça ?

DEUX. Oh, moi, vous savez, d'une certaine manière, j'ai toujours pu retirer mon épingle du jeu.

UN. Oui, ça on s'en doute.

DEUX. Ah bon ?

UN. Vous trônez là, sur votre monticule, imperturbable, admirant le paysage, philosophant sur l'existence ! Alors que d'autres... En plus Monsieur ne souffre pas le moindre éclat de voix ! Et merde !

DEUX continue à assembler les pièces

DEUX. En parlant d'éclat de voix... Que vous arrive-t-il ?

UN. D'abord, expliquez-moi comment se fait-il que vous, vous soyez indemne ? Hein ?

DEUX. Il est vrai que cela mérite quelques explications. Voyez-vous, ce que nous sommes en train de vivre est injuste. Une erreur. Impardonnable.

UN. Oui, ça je m'en étais rendu compte !

DEUX. Laissez-moi finir, attendez...

UN. Bon, allez-y, mais dépêchez-vous, parce que je commence à avoir les pieds en compote, moi.

DEUX. Je disais donc, une erreur impardonnable. Le fait est qu'au moment de cette sorte de mini « big bang » j'ai eu de la chance... oui, on peut le dire...

UN. C'est le moins qu'on puisse dire !

DEUX. Comment voulez-vous que je vous explique si vous m'interrompez sans cesse !

UN. Je vous écoute, je vous écoute.

DEUX. J'ai eu la chance d'être épargné

parce que je n'étais pas *vraiment* ici.

UN. Vous étiez où alors ? Et qu'est-ce que vous faites là maintenant ?

DEUX. C'est assez délicat à expliquer...

UN. Et pourquoi donc s'il vous plaît ?

DEUX. Parce que si je vous expliquais ça tout de suite, comme ça, en vrac, vous risqueriez de ne pas me prendre au sérieux.

UN. Oui, enfin, ce n'est pas parce que je me suis emballé tout à l'heure qu'il faut prendre cette mine déconfite et cet air de chien battu !

DEUX. Chiens battus ! Chiens abandonnés... chiens écrasés... oui... chiens perdus sans collier...

UN. Comment ? Quoi ? Qu'est-ce que vous dites ?

DEUX. Non, ce n'est rien... des souvenirs... juste quelques souvenirs... toute une époque ! D'autres lieux, d'autres temps ! Maintenant ce n'est vraiment plus pareil.

La petite construction de DEUX prend forme tout doucement

UN. Qu'est-ce qui n'est plus pareil ? Non, mais de quoi vous parlez là ?

DEUX. De la fameuse rubrique des chiens écrasés...

UN. Alors moi je veux bien essayer de rester calme, mais vous pourriez peut-être faire un petit effort, pour la compréhension, si ce n'est pas trop vous demander, et sans vouloir blesser votre sensibilité à fleur de peau !

DEUX. Écoutez... nous n'appartenons pas au même monde, c'est pour ça. Enfin... tout ce que vous êtes en train de vivre... tout ça là... moi je le vis de l'extérieur.

UN. Ça aussi on s'en serait douté !

DEUX. Si je suis ici, c'est uniquement parce que je suis en mission.

UN. En mission ? Qu'est-ce que c'est que cette histoire encore ?

DEUX. Oui. Une de mes nombreuses missions quotidiennes. Pour mon travail, si vous préférez...

UN. Parce que vous êtes en train de travailler, là ?

DEUX. D'observer oui, d'apprécier, de traduire, d'évaluer, je note des impressions, j'enregistre...

UN. Ah oui, ça y est, j'ai compris, vous êtes un scientifique. À mon avis, ils auraient mieux fait d'envoyer des secours !

DEUX. Oh... Vous n'y êtes pas. Vous n'y êtes pas du tout.

UN. *(avec rage)* Mais alors expliquez-vous quoi ! Et merde !

DEUX. Tiens, ça vous reprend... *(agacé)* Voyez-vous, ce sont ces éclats de voix, ce manque de patience, cette soi-disant soif de connaissance qui nous ont amenés là où nous en sommes...

DEUX assemble la dernière pièce du petit appareil, qui doit avoir l'air très insolite

UN. Mais... qu'est-ce que c'est que ce truc !

DEUX. Un diffuseur.

UN. Un diffuseur ?

DEUX. Oui, enfin, un capteur, dernière génération.

UN. *(s'énervant)* Faudrait savoir ! Il capte ou il diffuse ?

DEUX. Les deux. Il transmet, si vous préférez.

UN. Et il transmet quoi ?

DEUX. Eh bien, ce qui est diffusable

Il regarde dans un œilleton sur le petit appareil

UN. Attendez, là, je ne comprends pas...

DEUX. Tenez, en ce moment même, ils sont en train de vous transférer sur le diffuseur principal...

UN. Vous voulez dire que je vais être filmé, c'est ça ?

DEUX. Oui. Enfin pas exactement. Disons que vous allez être diffusé. Retransmis...

UN. Non mais ça va pas ! Qu'est-ce que c'est que cette histoire ! Je n'ai aucune envie d'être diffusé moi ! Non mais je rêve là !

DEUX. Oh non. Ce sont les autres qui vont rêver...

Il pose le petit appareil par terre en évaluant des angles, des distances

UN. Mais vous allez finir par vous expliquer à la fin !

DEUX. Bon, d'accord, comme vous voulez... Mais ça ne changera pas grand-chose pour vous.

UN. *(criant)* Et merde !!

DEUX. Alors je vais commencer par vous poser une question toute simple. Je pense que vous aimez les questions toutes simples. Pouvez-vous me dire en quelle année nous sommes ?

UN. Drôle de question ! En l'an 2000. Et alors ?

DEUX. Et alors ? Vous, vous êtes en l'an 2000. Mais pas moi...

UN. Comment ça, pas vous ?

DEUX. Non, pas moi...

UN. Mais qu'est-ce que vous racontez ! Si moi je suis en l'an 2000, vous êtes en l'an 2000 aussi ! Forcément !

DEUX. Je vous avais bien dit que vous ne me prendriez pas au sérieux.

UN. Bon d'accord, d'accord, d'accord, on ne va pas s'énerver, vous êtes si sensible et tout... Alors vous vous êtes en quoi s'il vous plaît ?

DEUX. En 2165. Dans une exposition.

UN. Une exposition ? Ben voyons... Et comment faites-vous ?

DEUX. Oh moi, je ne fais rien. Ce sont eux qui s'en chargent *(montrant l'appareil).*

UN. Qui ça ?

DEUX. Eh bien, les réalisateurs de *Réal-*

Diffuse, les organisateurs.

UN. Bon, alors, tout ça c'est bien joli, mais maintenant je crois que ça suffit, la plaisanterie a assez duré !

DEUX. Ce n'est pas une plaisanterie. J'ai été envoyé dans cette *exposition* par les responsables de *Réal-Diffuse* afin de rapporter des événements propres à redonner à leur Canal la place de choix qu'il avait sur le marché. Une place défiant toute concurrence, entre nous soit-dit...

UN. Oui, c'est ça ! Et en admettant que je veuille bien croire à votre histoire futuriste à la noix — ce qui n'est pas le cas vous vous en doutiez — vous n'auriez pas trouvé mieux que d'atterrir au pied de cet immeuble en ruine, dévasté par je ne sais quoi, et dont je serais apparemment le seul rescapé ?

DEUX. Détrompez-vous. Ce qui se passe ici est très intéressant pour eux.

UN. Et pourquoi s'il vous plaît ?

DEUX. Mais... parce que c'est la réalité !

UN. Je sais bien que c'est la réalité ! Mais

il y en a d'autres des réalités, certainement plus agréables et plus intéressantes. Je suis bien placé pour le savoir !

DEUX. Voyez-vous, à l'époque où je vis, ça ne court plus les rues. Tout est virtuel. Mais les gens ne se satisfont plus de ces faux feuilletons quotidiens sur la misère du monde ou les scandales politiques, qui du reste, sont entièrement programmés par ordinateur. Alors, eux, ils diffusent des choses qui ont vraiment eu lieu, des tranches de vie si vous préférez. Et tout cela grâce à ce petit appareil. Que feraient-ils s'ils n'avaient pas ce diffuseur spatio-temporel ?

UN. *(éberlué)* Diffuseur spatio-temporel ?

DEUX. Et puis rien ne peut remplacer une bonne vieille tranche de vie. Même anachronique. Regardez autour de vous, cela vaut le coup d'œil ! Vous n'imaginez tout de même pas qu'ils allaient passer à côté... Vous avez la chance d'être le témoin d'une catastrophe qui pour eux s'avère très intéressante, artistiquement parlant. Qui plus est, votre présence inopinée au centre de ces décombres ajoute un piment remarquable. Leur diffusion n'en sera que plus appréciée. Comme quoi cet évènement méritait bien que l'on s'y attarde un moment...

UN. Alors si j'ai bien compris, vous travaillez pour les médias ! Vous êtes encore un de ces animateurs payés pour faire pleurer dans les chaumières ! Ce n'était pas la peine d'en faire tout un plat ! Bon, alors maintenant aidez-moi à sortir de là.

DEUX. Je ne sais pas si vous avez réellement saisi tout le sens de mes propos.

UN. Non, mais, que vous cherchiez des reportages ou des sujets propres à émouvoir vos contemporains je ne dis pas, on voit ça tous les jours, mais votre histoire spatio-temporelle... Permettez... Même si un immeuble m'est tombé sur la tête vous avouerez que...

DEUX. Et pourtant c'est tout à fait sérieux. Nous nous déplaçons dans le temps à la recherche d'événements particuliers, ou de catastrophes qui ont eu lieu, afin d'étoffer leur programme consacré aux merveilles de l'esprit humain à travers les âges !

UN. Non, mais sans blague !

DEUX. Tenez, par exemple, il n'y a pas si longtemps, j'ai été chargé d'une mission qui m'a projeté en l'an 3000, le soir du Nouvel An... Eh bien je peux vous dire que ce n'était pas triste !

UN. C'est ça... en l'an 3000, et allez donc !

DEUX. Le problème, c'est que le *Réal-Diffuseur* commet parfois des erreurs de trajectoires.

UN. Ah bon. Remarquez, après tout ce que je viens d'entendre, ça ne me surprend pas vraiment... Mais continuez, continuez...

DEUX. Du coup, au lieu de me retrouver comme convenu dans un grand centre culturel en train de s'effondrer au cours d'un vernissage, j'ai atterri en plein désert. Vous avouerez que c'est plutôt morose : rien à boire, rien à manger... et personne à qui parler...

UN. Ben voyons ! Et ils ont diffusé ça à l'antenne ?

DEUX. Non, pensez-vous... pas comme ça ! L'équipe technique a réaménagé les choses, quelques effets de leurres, et tenez-vous bien : ils ont fait passer ça pour un reportage sur l'explosion atomique qui a eu lieu en 2017 en Arabie Saoudite ! C'est vous dire comme l'esprit humain est capable de prodiges...

UN. Une explosion atomique ? En Arabie Saoudite ?

DEUX. Évidemment, vous ne pouvez pas encore être au courant, c'est normal.

UN. Oui, eh bien, à mon avis, vous avez trop d'imagination. Ce sont les événements qui vous ont tapé sur le système. Ça arrive ça, parfois. Mais ne vous inquiétez pas, les secours vont bientôt arriver. Tout va s'arranger, vous verrez. Allez, aidez-moi à sortir de là qu'on en finisse.

DEUX. Et si je vous disais que les secours ne vont pas arriver...

UN. Et qu'est-ce que vous en savez ?

DEUX. Vous ne pensez tout de même pas qu'ils m'ont envoyé ici, en l'an 2000, juste pour faire un brin de causette avec un anonyme à moitié enfoui sous les décombres.

UN. Un anonyme enfoui sous les décombres ?

DEUX. Eh bien oui. Mais ce n'est pas grave. L'essentiel de leur diffusion n'est pas pour maintenant. C'est pour un peu plus tard, lorsque les choses tourneront mal.

UN. Comment ça, tourneront mal ?

DEUX. Oui. Lorsque vous serez au bord du suicide.

UN. Mais je n'ai aucune envie de me suicider !

DEUX. Pas encore. Mais ça viendra. Et c'est là que je devrai mettre mon diffuseur en action.

UN. Non, mais vous êtes vraiment têtu avec votre diffuseur ! Et merde !

DEUX. Et vous, vous êtes vraiment désespérant. Finalement, ils avaient bien raison.

UN. Qui ça ?

DEUX. Eh bien les producteurs de *Réal-*

Diffuse. Les organisateurs si vous préférez.

UN. Mais je n'en ai rien à foutre moi de vos histoires de producteurs à la con ! Ce que je veux, c'est sortir d'ici, et rentrer chez moi ! Tout ça ne m'intéresse pas ! Alors, aidez-moi maintenant ! Au lieu de vous prendre pour un extra-terrestre sur son monticule !

DEUX. Vous n'y pensez tout de même pas sérieusement ? Vous vous rendez compte ?

UN. Comment ça, si je me rends compte ? C'est vous qui ne vous rendez pas compte !

DEUX. Oh moi, vous savez, j'en ai tellement vu d'autres, et des plus passionnantes. Et puis de toute façon, ce qui doit arriver arrivera. Alors... En plus, je vous signale que je n'ai rien d'un extra-terrestre.

UN. Des histoires à dormir debout comme vous venez de m'en raconter... Permettez, mais... il faut vous faire soigner ! Vous êtes en état de choc !

DEUX. *(soupir)* C'était une erreur de ma part que de vous confier tout ça. J'aurais mieux fait de me taire.

UN. Je ne vous le fais pas dire !

DEUX. *(expéditif)* Vous savez ce que je vais faire ? Je vais repartir. À mon avis, tout ça ne vaut pas le coup.

UN. Mais comment ça ! Vous allez rester ici ! Et vous allez m'aider à me dégager !

DEUX. Non, vraiment, c'est vous qui avez raison. Je crois que cela n'en vaut pas la peine.

DEUX démonte le petit appareil rapidement et replace toutes les pièces dans sa mallette.

UN. Vous n'allez quand même pas me laisser tout seul ici au milieu de cette...

DEUX. *(s'interrompant)* Oh, ne vous inquiétez pas. Les secours vont arriver.

UN. Et s'ils n'arrivaient pas ?

DEUX. Ah...?

UN. Tout à l'heure vous disiez...

DEUX. Mais vous ne m'avez pas cru.

UN. Évidemment que je ne vous ai pas cru ! Mais c'est au cas où.

DEUX. Je vois que nous commençons à nous rejoindre.

DEUX repose sa mallette calmement

UN. On ne se rejoint pas du tout ! Parce que vous savez comment ça s'appelle ça ? C'est de la non-assistance à personne en danger !

DEUX. À quoi bon. Puisque je vous dis que c'est foutu pour vous.

UN. Mais vous êtes odieux !

DEUX. Je ne suis pas odieux, mais je n'ai plus aucun pouvoir sur ce qui se passe ici en moment. Parce que tout ça a déjà eu lieu. On ne peut plus rien faire. On peut tout juste regarder, apprécier, témoigner. Peut-être même, essayer de comprendre... allez savoir.

UN. C'est des conneries tout ça ! Vous

êtes complètement siphonné ! Complètement timbré ! Et en plus, il fallait que ça tombe sur moi !

DEUX. Oh, vous ou quelqu'un d'autre, peu importe. L'essentiel pour eux est d'avoir quelque chose à se mettre sous la dent.

UN. Non, mais il est complètement dingue ce mec !

DEUX. Il est vrai que cela aurait pu tomber sur quelqu'un d'autre — si vous me permettez l'expression — mais dans le fond c'eût été pareil.

UN. Comment ça pareil ? Je n'ai aucune envie de finir ici moi ! Alors autant quelqu'un d'autre !

DEUX. Mais personne n'aurait envie de finir ici. Personne. Et pourtant, vous êtes là vous. Mais la vie est injuste.

UN. Vous n'allez pas recommencer !

DEUX. Quoi donc ?

UN. À philosopher !

DEUX. Et que voulez-vous que je fasse d'autre ?

UN. Mais enfin ! Aidez-moi à sortir de ce merdier ! C'est pourtant simple à comprendre !

DEUX. Décidément, vous êtes vraiment obtus. Puisque je vous dis que, malheureusement, je ne peux plus rien faire pour vous.

UN. Alors vous seriez vraiment prêt à m'abandonner ici sans lever le petit doigt ?

DEUX. Oh, ne croyez pas que je sois insensible à ce qui vous arrive, loin de là. Cette situation est aussi terrible pour moi.

UN. Je ne vois pas ce qu'elle a de terrible pour vous !

DEUX. Vous croyez que c'est facile d'assister à la misère humaine sans jamais pouvoir intervenir ?

UN. Mais vous pouvez intervenir !

DEUX. Non je ne peux pas. Pour la simple raison que je ne suis pas *réellement* avec vous ici...

UN. C'est bien ce que je pensais, je suis en train de faire un cauchemar ! Un horrible cauchemar ! J'espère que je vais bientôt me réveiller...

DEUX. Vous ne comprenez vraiment pas...

UN. Oh si, je comprends très bien ! Vous êtes un sadique dégénéré, un fou, un taré psychopathe, qui s'inventerait n'importe quoi pour assouvir sa soif de haine et de violence, voilà ce que vous êtes ! Vous seriez prêt à pendre votre propre mère, à tuer vos propres enfants pour vivre vos fantasmes destructeurs, à tout sacrifier, tout, même un être humain !

DEUX. Là, vous êtes dur.

UN. La vérité n'est pas bonne à entendre, hein !

DEUX. Vous êtes dur. Mais je vous comprends.

UN. Ça me fait une belle jambe !

DEUX. Si vous saviez comme je vous comprends.

UN. *(abattu et expéditif)* Oui... oh, laissez tomber va... Je crois qu'il vaut mieux que je me suicide tout de suite comme ça ce sera réglé !

DEUX. Mais non, vous ne pouvez pas faire ça.

UN. *(avec une conviction désespérée)* Puisque de toute façon c'est comme ça que ça doit se terminer apparemment... Alors autant en finir tout de suite !

DEUX. Ah non, là, vous commettez une grosse erreur.

UN. Qu'est-ce que vous voulez que je fasse d'autre, hein ? En admettant que votre histoire soit vraie...

DEUX. Là n'est pas le problème. Mon histoire est vraie. Mais la vôtre, par contre, se déroule autrement. Vous ne vous suicidez pas tout de suite. À un moment donné, vous arrivez quand même à vous dégager de cet énorme et disgracieux boulet, si je puis me permettre d'entrer dans les détails.

UN. *(hors de lui)* Et vous appelez ça un détail ?

DEUX. Oui. Puisque vous vous suicidez quand même. Et c'est normal, dans votre cas.

UN. Comment ça dans mon cas ?

DEUX. Eh bien, oui, lorsque vous vous rendez compte que tout ce qui ce vient d'arriver ici est de votre faute. Et je ne parle pas seulement du nombre de malheureux entraînés dans cette malencontreuse aventure. Non, je parle surtout de l'immense chasse à l'homme qui s'organisera à votre encontre...

UN. *(criant)* Mais je ne suis pas responsable de tout ça ! J'en suis la victime !

DEUX. Oui, ça c'est ce que vous crierez partout pour échapper au carnage. Mais en fait, la frontière est tellement étroite entre le bourreau et la victime... Ou entre la peur et la haine si vous préférez.

UN. Mais je ne préfère rien ! Je veux m'en sortir !

DEUX. Alors à mon avis, il vaut mieux

être du côté du bourreau.

UN. Je ne comprends rien à vos salades moi !

DEUX. C'est pour cela que vous serez la victime.

UN. *(anéanti)* Comment ça, la victime ? Vous venez de me dire que j'étais le responsable !

DEUX. Oui, mais rien n'empêche.

UN. *(s'écroulant de désespoir)* Et merde...

Silence DEUX va vers UN qui est exténué, sans réaction, affalé sur les décombres.

DEUX. Hé ho ! Hé ho...

UN. *(se reprenant avec un sursaut)* Quoi ? Qu'est-ce qu'il y a encore ?

DEUX. Faites attention de ne pas vous endormir à nouveau.

UN. Foutez-moi la paix !

DEUX. Vous ne devriez pas vous laisser aller comme ça. Si je vous secoue, c'est pour votre bien.

UN. Pour mon bien ? Vous n'avez sans doute jamais fait de bien à quiconque dans toute votre triste existence !

DEUX. Et qu'est-ce qui vous permet d'avancer une chose pareille ? Vous ne connaissez rien de moi, ou presque.

UN. Je connais au moins l'essentiel : vous êtes capable d'abandonner quelqu'un dans la détresse juste pour ne pas déranger votre petit confort personnel !

DEUX. Je vous ai déjà expliqué que... oh et puis zut ! On ne va pas recommencer !

UN. Si, on va recommencer ! Parce que pour moi ça recommence, et ça recommence, toujours, sans arrêt, à chaque fois que je me rends compte que je n'ai que vous et que vous vous en foutez, et que je vais finir par crever ici avec cet énorme boulet aux pieds, si personne d'autre n'arrive très bientôt !

DEUX. Ah pour ça, il n'y a que peu de probabilités. Pas une âme qui vive sur un rayon de 400 km à la ronde ! C'est vous dire...

UN. Et merde !

DEUX. Tiens, ça vous reprend... Ça faisait longtemps. *(montrant la bouteille)* 156 au compteur. Ce qui nous fait donc actuellement... *(tapant sur sa calculette)* 93... plus... 156... un score de 249, sans boire une seule goutte! Pour l'instant c'est mon meilleur score. Le dernier était de 232. Et encore... j'aurais pu tenir plus longtemps, mais ils ont décidé de me faire rentrer parce que l'événement ne méritait pas que l'on s'y attarde finalement...

UN. *(l'interrompant, anéanti)* Écoutez...

DEUX. Eh bien oui, j'écoute...

UN. Ne me laissez pas supposer que votre histoire est sérieuse parce que je sens que je vais craquer pour de bon. Vous ne voyez pas que j'ai besoin d'aide ! Je suis prêt à vous offrir ce que vous voulez. Vous savez, je pourrais faire de vous quelqu'un de bien, votre vie prendrait une orientation que vous ne pouvez pas soupçonner en ce moment. Alors réfléchissez, ce serait une deuxième chance pour vous, un nouveau départ. Surtout dans votre état !

DEUX. N'essayez pas de renverser la situation. Le succès de cette exposition diffusée dépend de moi avant tout. Vous n'imaginez pas les risques que je prendrais en tentant une chose pareille ! J'en connais plus d'un qui n'est jamais revenu de mission, à cause de ce genre d'erreur impardonnable. Et maintenant ils flottent entre deux mondes, comme « *de véritables loques humaines en transit vers le néant.. ».* Alors, n'inversez pas les rôles s'il vous plaît. Laissez plutôt les choses se faire.

On entend soudain un gros grincement. Les décombres ne sont pas stables.

UN. *(paniqué)* Merde ! Merde ! Ça bouge sous moi !

DEUX. Ah oui ?

UN. Mais faites quelque chose !

DEUX. C'est drôle ça...

UN. *(criant)* Mais il n'y a rien de drôle là-dedans !

DEUX. Je veux dire... ce qui m'étonne, ce qui m'étonne c'est que cela aurait dû arriver bien avant...

UN. Non, mais c'est pas vrai ! C'est pas vrai ! Vous n'avez donc aucune humanité ?

DEUX. Vous croyez que l'on peut changer le cours de l'histoire, comme ça, clac ?

UN. *(criant)* Évidemment !

DEUX. Vous vous trompez. Je pourrais tout au plus ne pas témoigner de votre funeste aventure. Et faire comme si tout cela n'avait jamais eu lieu. Ce ne serait pas la première fois que l'on utiliserait ce genre de procédé. Personne ne serait au courant. Officiellement, pas d'exposition, pas de diffusion. Rien. Néant. Qu'est-ce que cela changerait pour vous ? Vous seriez obligé de le vivre quand même. Voyez-vous, le problème c'est que vous êtes toujours convaincu que tout cela n'est qu'un vaste canular, et que je suis fou. C'est ce qui fausse complètement nos rapports.

UN. Mais comment voulez-vous que je croie à une chose pareille ! Vous oubliez que c'est ma vie qui est en jeu !

DEUX. Là, vous avez raison. C'est votre vie qui est *un* jeu. Assez abominable, je vous le concède.

UN. Mais arrêtez, enfin, quoi ! Vous ne voyez pas que je suis sur le point de me faire ensevelir !

DEUX. Pas de panique. Ce n'est qu'un craquement. Un grincement parmi tant d'autres. Vous n'allez tout de même pas changer le cours de l'histoire et anéantir tout ce remarquable travail à cause d'un grincement. Surtout aussi insignifiant. On l'a à peine entendu.

UN. On l'a très bien entendu ! Tout va finir par s'écrouler d'un instant à l'autre !

DEUX. Mais non voyons...

UN. Mais si ! Puisque je vous dis que ça va se casser la gueule ! Et moi je serai en dessous !

DEUX. Attendez. Taisez-vous. Ne bougez plus.

Un silence. Ils écoutent.

DEUX. Alors... vous voyez bien. Rien ne

s'écroule. Ce n'est pas la peine de faire tant de chichis.

UN. *(désespéré)* Et merde...

DEUX. Si tout devait s'affaisser, ça se saurait. À mon avis, le mieux est de rester calme et d'admirer le décor. En faisant comme si de rien n'était. La contemplation peut être salutaire, croyez-moi. Mais il y a quand même quelque chose qui m'inquiète dans tout ça...

UN. Ah tout de même ! Tout n'est pas désespéré...

DEUX. Vous allez rire.

UN. Alors là ça m'étonnerait !

DEUX. Comment se fait-il que...

Une vive lumière, rapide sur DEUX, qui disparaît dans cet éclair

UN. *(éberlué, stupéfait)* Et merde ! Mais qu'est-ce que c'est que ça ? Hé ! Hé ! Où êtes-vous ? Oh ! Hé ho ! Non, mais je suis en train de devenir dingue là ! Mais qu'est-ce que c'est que cette... Je suis en train de rêver, ce n'est pas possible... je vais me réveiller... *(criant)* Hé ! Où êtes-vous ! Mais revenez ! Vous n'allez pas me laisser tout seul au milieu de ce merdier ! Ho ! Comment se fait-il que quoi ? Mais répondez ! Comment se fait-il que quoi ? Et merde ! Ne me laissez pas seul au milieu de ce merdier ! Au secours ! À l'aide !

Même éclair de lumière que précédemment. DEUX réapparaît derrière lui. UN sursaute. Effrayé par l'éclair, il s'est dégagé des décombres

UN. Mais ça ! Mais ça !

DEUX. Remettez-vous mon vieux. Du calme. Ce n'est qu'un petit éclair parmi tant d'autres. Il n'y a pas de quoi en faire un fromage.

UN. *(il fait quelques pas, l'air hagard)* Mais co-co, mais co-co... Mais comment...

DEUX. Oh, ce n'est qu'un petit problème de transmission parmi tant d'autres... Alors, comment voyez-vous les choses à présent ?

UN. Mais qu'est-ce que c'est que ce truc ! Où sont vos amis ?

DEUX. Mes amis ?

UN. Oui, vos, vos, vos complices, ceux avec qui vous avez organisé ce, ce, ce...

DEUX. Je vois que vous avez enfin réussi à vous dégager de cet énorme et disgracieux boulet, comme prévu...

UN. Oui ! Et j'ai bien failli tout me prendre sur la figure !

DEUX. Mais non voyons, n'exagérez pas, vous êtes indemne. Vous voyez bien que cela devait se passer comme ça. Alors, ne dramatisez pas mon vieux.

UN. À la différence qu'à partir de maintenant je suis libre de m'en aller !

Un petit silence

DEUX. *(déçu et grave)* Ah bon.

UN. Et qui m'en empêcherait ? Vous ?

DEUX. Non, pas moi. L'auteur...

UN. L'auteur ? Qui c'est celui-là encore ?

DEUX. Celui qui a écrit notre histoire...

Et puis, n'oubliez pas votre suicide !

UN. Vous n'allez pas recommencer hein ?

DEUX. Il est bien vrai que ce qu'il y a de désobligeant dans ce genre d'aventure, c'est que nous sommes à la merci de n'importe qui. Très certainement à la merci d'un petit auteur de bas étage même, qui nous mène à la baguette, et qu'en plus nous n'avons pas le choix de nos partenaires. Mais bon...

UN. Vous êtes complètement fêlé !

DEUX. Cessez donc de m'insulter à tout bout de champ !

UN. La coupe est pleine, je m'en vais !

DEUX. Vous avez tort.

UN. Mais qu'est-ce que vous voulez que je fasse ici ?

DEUX. Faites comme moi. Admirez le paysage.

UN. Tu parles ! Le paysage !

DEUX. Juste un petit coup d'œil, pour la

mémoire... un petit regard furtif... avant de vous évanouir dans les lointains. Ça ne mettra pas de cailloux dans vos souliers, comme dirait l'autre. Vous pourrez toujours vous suicider après...

UN. Non, je m'en vais !

UN part. DEUX le suit du regard sans réagir.

DEUX. C'est vraiment désolant... *(petit silence, puis il retourne sur son monticule)* Enfin... Bon, eh bien... j'ai encore plusieurs expositions à voir aujourd'hui... *(il consulte une sorte d'agenda)* Voyons, voyons : Paris 2016[1]... Effondrement de la Tour Eiffel... ah oui, intéressant, sculptural ...Ou bien... 2020 : la Californie meurt d'une glissade, oui, bof... là, il n'y a plus rien à voir... Ah, voilà : 1998, big bang à Bagdad... mais c'est très bien ça... Allez, en route. Big bang à Bagdad ! Et hop !

Il disparaît dans un éclair

---

[1] Les dates et les événements sont à mettre à jour, à imaginer ou à adapter.

Cet ouvrage est une œuvre de fiction.
Toute ressemblance avec des personnes existantes ou ayant existé ne pourrait être que fortuite ou involontaire.

Du même auteur, aux éditions BOD

JOURNAL D'UN PIGEON VOYAGEUR
Clin d'œil au peintre Magritte
Roman

DES VENDREDIS DANS LA TÊTE
Roman

ET SI C'ÉTAIT NOUS
Petit éloge d'un tango des sens
Essai

SOUVENIRS D'UN COIN DU MONDE
Nouvelle

LE DON DE L'INVISIBLE
Théâtre & arts plastique – volet 2

© 2013, Marc Anstett
Edition : BoD - Books on Demand
12/14 rond-point des Champs Elysées
75008 Paris
Imprimé par BoD – Books on Demand, Norderstedt, Allemagne
ISBN : 9782810625369
Dépôt légal : Septembre 2012